Das verratene Meer

Musikdrama

Buch von Hans-Ulrich Treichel
nach dem Roman „Gogo No Eiko“
von Yukio Mishima

Musik von Hans Werner Henze
(1986–89)

Textbuch

SCHOTT
Mainz · London · New York · Paris · Tokyo

BN 3365-00

Printed in Germany · BSS 46732

ISBN 3-7957-3365-0

Personen

Fusako Kuroda, eine 33jährige Witwe, Besitzerin der Modeboutique „Rex“ in Yokohama	lyrischer Sopran
Noboru, ihr dreizehnjähriger Sohn, auch „Nummer Drei“ genannt	Tenor
Ryuji Tsukazaki, der 2. Offizier des Frachtschiffes „Rakuyo-Maru“ . . .	Baß
Die Jungenbande und Freunde Noborus:	
Nummer Eins, der Anführer	hoher Bariton
Nummer Zwei	Countertenor
Nummer Vier	Bariton
Nummer Fünf	Baß
Schiffsmaat	Tenor

Ein Schiffsoffizier, Seeleute, Hafenarbeiter,
der Geschäftsführer der Boutique „Rex“,
drei Verkäuferinnen

I. Teil: Sommer

1. Szene

Ein einstöckiges schmales Haus im westlichen Stil auf dem Yado-Hügel in Yokohama. Im ersten Stock des Hauses liegen das Boudoir der schönen dreiunddreißigjährigen Witwe Fusako Kuroda und das Zimmer ihres dreizehnjährigen Sohnes Noboru, Wand an Wand. Es ist Abend, und Fusako hat eben Noboru zu Bett gebracht.

Fusako: Und morgen besuchen wir das Schiff, Noboru!

Noboru: Ob ich das Steuerrad halten darf?

Fusako: Bestimmt, Noboru.

Noboru: Ich will auch den Maschinenraum sehen!

Fusako: Schlaf jetzt, mein Sohn.
Ich schließe dich ein, damit du dich nicht wieder mitten in der Nacht mit deinen Freunden triffst. Ich hoffe, du wirst bald vernünftiger sein.

Noboru: Gute Nacht, Mama!

Fusako gibt Noboru einen Kuß, löscht das Licht, geht hinaus und schließt das Zimmer von außen ab. Noboru bleibt still in seinem Bett liegen, dann erhebt er sich langsam. Fusako geht in ihr Zimmer und macht Licht. An der Wand, nahe dem Fenster, steht ein reichhaltig und luxuriös ausgestatteter Toilettentisch mit einem großen dreiteiligen Spiegel. Neben dem Tisch befindet sich ein kleiner Polstersessel, auf dem ein Stickrahmen liegt. Über der Lehne des Sessels liegt ein achtlos hingeworfenes Paar Nylonstrümpfe. Gegenüber steht ein Doppelbett aus blinkendem Messing. Daneben ein Nachttisch mit einem großen Ventilator darauf. Durch das Fenster sieht man den Abendhimmel über dem Hafen von Yokohama und dem rötlich leuchtenden Meer. Während sich Fusako langsam entkleidet, geht Noboru zu einem Wandschrank und öffnet ihn vorsichtig. Er räumt ein Fach des Schrankes aus, bis durch die Rückwand des Schrankes aus Fusakos Zimmer ein Lichtstrahl hereinfällt. Noboru hält einen Moment inne, betrachtet gespannt den Lichtstrahl. Dann setzt er sich in den Schrank und beobachtet Fusako durch ein schmales Loch in der Wand. Fusako entkleidet sich vollständig und löscht das Licht. Es ist eine mondhelle Nacht und der Mond bescheint ihren nackten Leib. Sie stellt sich vor den Spiegel und reibt sich mit Hautöl ein, setzt sich dann auf das Bett und blickt träumerisch in den Spiegel.

Fusako:

Aber wer schön ist, der bleibt nur,
solang man ihn ansieht, schön,
und wer jung ist, bleibt es nur,
solange seine Träume länger dauern
als die Sterne die dunkle Nacht bescheinen
und der Mond seine Bahn zieht
über dem Meer.

Sie nimmt ein silbergerahmtes Foto ihres verstorbenen Mannes vom Nachttisch und betrachtet es.

Seit du tot bist,
ist es still in mir.
Mein Leib ist ein Stein,
der zwischen Steinen liegt.
Ich bin ein Garten,
unter Schnee verborgen.

Sie stellt das Bild wieder auf seinen Platz zurück und blickt sehnsüchtig aus dem Fenster in den mondhellen Nachthimmel.

Wenn das Mondlicht den Schnee berührt,
da steigt es auf in den Himmel,
und die Sterne erzittern.
Wenn das Mondlicht den Schnee berührt,
dann beginnen die Steine
von der Liebe zu träumen.

Noboru:

Wie schön sie ist ... ihre Brüste ... ihr Bauch ... wie einen Hund sperrt sie mich ein ... gut ... ich bin abgehaun ... nach Mitternacht ... einfach ausgewetzt ... wenn meine Freunde rufen, muß ich hingehn ... folgen ... sie befehlen ... ich gehorche ... sie sind wie ich ... ein Kopf ... ein Leib ... in ihren Achseln ... Schweiß ... auf ihrer Brust ... so weiß ... sie atmet tief ... ihre Haut ... mein Mund ... meine Lippen sind hart ... eine Wand aus Granit ... meine Freunde und ich ... zerschlagt euch die Schädel an uns ... in meinen Adern ... ihre Zunge ... ihr Mund ... rot ... mein Blut soll schwarz wie Maschinenöl sein ... in meiner Brust ... kein Herz ... mein Herz, die stampfende Maschine eines Schiffes ... das Schiff ... morgen ... das Schiff ...

Fusako streckt sich ohne sich zuzudecken auf dem Bett aus und schläft ein.
Noboru legt sich ebenfalls mit gekrümmten angezogenen Beinen auf die Seite und schläft ein.
Verwandlungsmusik.

2. Szene

Im Hafen von Yokohama. Später Vormittag. Feuchte Hitze, Dunst. An Bord des grün und cremefarben gestrichenen Zehntausend-Tonnen-Frachters RAKUYO-MARU. Der Anker des Frachters ist eingezogen. Am Mast hängt die grüne Fahne der Handelsgesellschaft. Noboru, in der traditionellen japanischen Schuluniform, in schwarzer Hose und einem weißen kurzärmeligen Hemd, Schirmmütze, und Fusako, in einem Pariser Sommerkleid, mit Hut und Sonnenschirm, betreten die Schiffsbrücke. Ein Maat erscheint.

Maat: Ich melde Sie dem 2. Offizier.

Ryuji Tsukazaki, der 2. Offizier der Rakuyo-Maru erscheint.

Ryuji: (salutiert) Ryuji Tsukazaki, 2. Offizier.
Frau Kuroda, es ist eine Auszeichnung für mich,
Sie an Bord der Rakuyo-Maru begrüßen zu dürfen.
Er verbeugt sich.

Fusako: (sich ebenfalls verbeugend)
Das ist mein Sohn Noboru.

Ryuji und Noboru verbeugen sich.

Ryuji: Guten Tag, Noboru.
Der Kapitän hat mich beauftragt, Ihrem Wunsch zu entsprechen und Ihnen und Ihrem Sohn das Schiff zu zeigen. Ich schlage vor, wir gehen zuerst ins Steuerhaus.

Fusako: Sehr gern.

Sie gehen in das weiße Steuerhaus und betrachten die Radargeräte, den Magnetkompaß, den Ruderlagenanzeiger usw. Fusako bleibt etwas zurück und schaut Ryuji und Noboru zu.

Noboru: (deutet durch das Kabinenfenster auf die Frachter, die draußen vor dem Hafen liegen)
Die vielen Schiffe dort warten auf einen Liegeplatz
im Hafen, nicht wahr?

Ryuji: Ja, manche liegen drei oder vier Tage dort.

Noboru: Wenn ein Liegeplatz frei wird,
bekommen sie Funknachricht.

Ryuji: Das stimmt! Die Company schickt ein Kabel.
(zu Fusako) Ihr Junge kennt sich sehr gut aus.
Will er vielleicht auch zur See fahren?

Noboru: (auf ein Instrument deutend) Ein Sextant!

Ryuji: Ein feststehender Sextant.
(zu Fusako) Ich würde ihm nicht dazu raten.
Es gibt nichts Langweiligeres auf der Welt.

Noboru: Was ist das?

Ryuji: Der Kurszeichner. Elektronisch gesteuert.

Noboru: Er zeigt den Kurs der Schiffe automatisch an?

Ryuji: Ganz recht.

Noboru: (weiter auf verschiedene Instrumente deutend)
Der Kompaß! Das Radargerät!

Ryuji: (auf das Radargerät klopfend) Schon ziemlich alt das Ding. Wir könnten ein neues gebrauchen. Doch unsere Reederei ist furchtbar geizig.

Noboru: (sich umschauend) Die Seekarten . . . ?

Ryuji: Sind nebenan. Im Navigationsraum.
(dann neben Noboru tretend, der mittlerweile auf ein anderes Instrument blickt) Und das ist der Maschinentelegraph.

Fusako ist abseits geblieben und betrachtet gedankenverloren den Seemann.

Fusako: (für sich) Diese Augen . . . die Augen eines Mannes . . . der gewohnt ist . . . auf das Meer zu blicken . . . Tag und Nacht . . . suchend . . . bis zum Horizont . . .

Noboru: (liest) STOP! STAND BY! AHEAD!

Während sich Noboru mit dem Instrument beschäftigt, tritt Ryuji in dem engen schwülen Raum an Fusako heran, so dicht, daß sie seine Körperwärme spürt.

Fusako: (für sich) . . . mir ist heiß . . . Luft . . . diese Hitze . . . ich muß hinausgehen . . . atmen . . .

In diesem Moment fällt Fusakos Sonnenschirm zu Boden, den sie an einen Tisch gelehnt hatte, und ihr ist, als sinke sie selbst zu Boden. Der Sonnenschirm trifft ihren Fuß, und sie stößt einen kleinen Schrei aus. Ryuji bückt sich und hebt den Sonnenschirm auf. Er reicht Fusako den Schirm, sie stehen beide dicht voreinander, atemlos und gespannt. Noborus Stimme unterbricht die Stille.

Noboru: Mama, jetzt möchte ich noch den Maschinenraum anschaun!

Fusako: (die sich wieder gefaßt hat)
Wir werden Herrn Tsukazaki fragen, ob es möglich ist.

Ryuji: Es ist mir ein Vergnügen!
Wenn Sie der Lärm und die Hitze nicht stören.
(er zeigt auf eine eiserne Treppe, die nach unten führt)
Hier geht es hinab!

Noboru läuft aufgeregt voran, die eiserne Treppe hinab. Fusako und Ryuji bleiben noch einen Moment zurück.

Fusako: Ich weiß gar nicht, wie ich Ihnen danken soll, Herr Tsukazaki.

Ryuji: Ich habe zu danken, Frau Kuroda.

Fusako: Sie haben sich so viel Zeit für uns genommen.

Ryuji: Ich hatte nie angenehmere Gesellschaft auf diesem Schiff.

Fusako: Sie sind sehr liebenswürdig.
Ich möchte mich gern erkenntlich erweisen . . .

Ryuji: (mit abwehrender Geste)
Aber ich bitte Sie . . .

Fusako: Darf ich Sie am Sonnabend zum Abendessen einladen? Ich kenne ein kleines französisches Restaurant, wo man sehr gut speist.

Ryuji: Frau Koruda, ich bitte Sie, das ist sehr großzügig von Ihnen, aber ich kann Ihre Einladung unmöglich annehmen.

Fusako: Seien Sie so freundlich, Herr Tsukazaki, bitte, sagen Sie nicht nein!

Ryuji: Oh, Sie machen mir wirklich eine große Freude.
Ich hoffe nur, daß es Ihnen auch nicht zu viele Umstände macht. Ich komme sehr gern.

Sie folgen Noboru. Verwandlungsmusik.

3. Szene

Zwei Tage später. Ein Park auf dem Hügel hoch über dem Meer in der Nähe von Fusakos Haus. Ein kleiner, zypressenbestandener Platz, ein Springbrunnen, eine Bank, daneben ein Ausblick mit einem halbhohen schmiedeeisernen Gitter, von dem aus man auf das Meer und den Hafen von Yokohama sieht. Es ist spät am Abend, und der Hafen ist hell erleuchtet. Es ist immer noch sehr warm. Von weit her dringt der Lärm der Stadt herauf. Ryuji, in dunkelblauer Ausgehuniform, einem weißen kurzärmeligen Hemd mit goldenen Schulterklappen, trägt seine Uniformjacke über dem Arm. Fusako in einem eleganten spitzenbesetzten Kimono aus dunkelroter Seide. Beide gehen auf den Ausblick zu und schauen auf das Meer.

Ryuji:	Was für ein wunderbarer Abend!
Fusako:	Sie haben meinem Sohn das Schiff gezeigt. Das werden wir Ihnen niemals vergessen.
Ryuji:	(Fusako anblickend) Es hat mir Glück gebracht. Ich habe etwas entdeckt, was ich vorher nicht kannte.
Fusako:	Sie haben die ganze Welt gesehen!
Ryuji:	Die Welt ist nicht sehr groß.
Fusako:	Sie ist unendlich groß, die Welt!
Ryuji:	Als ich zum ersten Mal das Meer sah, begann ich davon zu träumen, endlich einmal dorthin zu gelangen, wohin meine Augen nicht reichten: hinter den Horizont, dorthin, wo jeden Morgen die Sonne aus einer leuchtenden Welt auftaucht. Dort war mein Glück, nicht hier. Doch jeder Hafen auf der Welt ist gleich. Der gleiche Dreck, die gleiche Arbeit, die gleiche Einsamkeit. Und die Sonne geht immer da auf, wo man gerade nicht ist.
Fusako:	Sie zittern ja.
Ryuji:	Ich suchte eine Welt, aber gefunden hab' ich nur eine stampfende Maschine, die keine Seele hat und kein Herz.

Fusako: Es tut mir so leid.
Warum bleiben Sie nicht an Land?

Ryuji: Das geht nicht.
Irgend etwas zieht mich immer wieder hinaus.
Er beginnt sein Seemannslied zu singen.
Ich setzte die Segel
und sagte den Bäumen Adieu ...
Er bricht seinen Gesang ab.

Fusako: Leben sie allein?

Ryuji: Ja, allein.
Er blickt sie an. Dann nimmt er ihre Hand.
Doch heute habe ich Sie.
Er küßt Fusako. Verwandlungsmusik.

4. Szene

Eine Stunde später. Im Boudoir Fusakos. Fusako liegt auf dem Bett; vor dem Bett, auf dem Fußboden, ihr Kimono. Ryuji, der sich im Halbdunkel entkleidet hat, tritt ins Licht. Vom Hafen ertönt eine Schiffssirene. Ryuji verharrt einen Moment und legt sich dann zu Fusako. Sie umarmen sich. Im Nebenzimmer hockt Noboru im Wandschrank und beobachtet Fusako und Ryuji.

Fusako: (für sich) Ryuji ... mein Herz schlägt ... Ryuji ... ein Seemann ... Ryuji ... er ist ein Seemann ... seine Augen ... Ryuji ... daß nur Noboru nicht erwacht ... seine Haut, hart und rauh ... wie Salz ... wie salziges Gestein ... wie lange war ich allein ... ich werde ihm ein paar Hemden schenken ... wie er mich anfaßt ... aus der neuesten Kollektion ... nein, keine Hemden ... allein ... sein Geruch ... ich war zu lange allein ... bitter ... das Meer ... er riecht nach Teer, nach Öl ... vielleicht hat er längst vergessen, wie die Frauen empfinden ... ich helfe dir, Ryuji ... ich muß vorsichtig sein ... hilf mir ... umarme mich, Ryuji ... allein ...

Ryuji: (für sich) Ich lebe ... ich bin auf der Welt ... ich habe Land unter den Füßen (er umarmt sie) ... wie weich ihre Haut ist ... ihr Mund, ihre Lippen ... fremd ... ich habe immer nur Huren gehabt ... wie schön sie ist ... der Schweiß auf ihrem Bauch ... Fusako ... ich habe immer bezahlt ... ich werde nicht bezahlen ... keinen Yen ... Fusako ... sie hat ein Geschäft ... ich habe ein Sparbuch mit zwei Millionen Yen ... Herrenwäsche ... Anzüge ... ich schmecke ihren Schweiß ... ich trinke ... ich trinke ... Gras ... sie riecht nach Gras ... nachts ... auf Deck hab ich es oft gerochen ... das Meer ... roch nach Gras ... das kalte, klare Meer ... Fusako ... ich tu ihr weh ... Fusako ... sie soll schrein ... sie soll schrein ...

Noboru: (für sich) Ah, in meinen Armen ... die ganze Welt, meine Augen, ich schau dem Seemann direkt ins Gesicht ... vollkommen ... die Welt ist vollkommen ... in meiner Brust ... nichts ... nicht mal in meinen Träumen, nicht einmal im tiefsten Dunkel kann ich weinen ... mir ist heiß ... (er klettert aus dem Schrank) ... ich habe dem Seemann direkt in die Augen gesehen ... er gehört mir ... die Nacht gehört mir ... (er zieht sein Hemd aus und reibt sich den Schweiß von Brust und Stirn, erregt im Raum auf und ab gehend) ... der Himmel ... der Wind ... zehntausend Tonnen ... wie schwer sind zehntausend Tonnen ... ich muß den Seemann fragen ... und wie tief das Meer an der tiefsten Stelle ist ... der Seemann ... das Meer ... an seiner tiefsten ... an seiner dunkelsten Stelle ... ist ... mein ... ist ganz mein ...

Ryuji und Fusako schlafen ineinander verschlungen ein.
Noboru verharrt still und bewegungslos im Raum.
Verwandlungsmusik.

5. Szene

Am Vormittag darauf. Heißer Spätsommer. Ein altes, halbverfallenes Lagerhaus in der Hafengegend. Ein verwahrlostes Feld, wildwuchernde Chrysanthemen zwischen rostbraunen Schienen, eine verrostete Weichenvorrichtung, rote, gelbe und braune Blechfässer liegen herum. Der Treffpunkt der Jungenbande. Auf einem schäbigen Rasenstreifen vor dem Lagerhaus, auf dessen Holztür in verblichener Schrift HAFENVERWALTUNG A zu lesen ist, lassen sich die Jungen nieder. Nummer Eins (der Anführer), Nummer Zwei, Nummer Drei (Noboru), Nummer Vier und Nummer Fünf.

Noboru: (aufgeregt, mit Pathos)
Der Seemann ist ungeheuerlich! Ein wildes Tier! Ein Tier aus der Tiefe! Mit eisernen Muskeln und Schultern aus Stein! Ich hab's gesehen, er hat meiner Alten die Kleider vom Leibe gerissen und sich mit kaltem Blick auf sie gestürzt. Mit ihren rotlackierten Nägeln hat sie das Salz ihm von der Haut gekratzt. Ich hab ihm direkt in die Augen gesehn!

Anführer: Das also, das ist dein Held? Ein Fisch, der aus dem Meer gekrochen ist? Ein Kerl aus Stein, der deine Alte salzt? Du hast noch immer nichts von dieser Welt kapiert, in der es viele Zwerge, wenig Riesen gibt.

Noboru: Er ist kein Zwerg, ihr werdet es erleben!

Anführer: Er ist wie alle, ich versprech es dir.

Noboru: Schon morgen wird er etwas tun . . .

Anführer: Nichts wird er tun. Ein Kerl wie der wird niemals etwas tun. Wahrscheinlich will er nur das Geld von deiner Alten, und wenn er's hat, dann heißt es: Gute Nacht, Madam!

Noboru: . . . etwas, wozu wir selber nicht fähig sind.

Anführer: Das gibt es nicht. Kein Vater, keine Mutter wird jemals etwas tun, das wir nicht selber können. Ein Wort ist ihrer Welt ins Fleisch gebrannt, es heißt „unmöglich“. Vergiß niemals, Nummer Drei, daß wir es sind und niemand sonst, die solch ein Wort auslöschen können.

Die Jungen schweigen und blicken bewundernd auf den Anführer.
Der wendet sich an Nummer Zwei.

Was ist mit deinen Leuten, Nummer Zwei?
Ich schätze, sie wollen dir noch immer kein Luftgewehr kaufen.

Nummer Zwei: Ja, es ist aussichtslos.

Der Junge spricht in einem jammernden, selbstmitleidigen Ton und schlingt die Arme um seine Knie.

Anführer: Sie sagen, daß es gefährlich sei, was?

Nummer Zwei: Ja.

Anführer: Ha! (er lacht verächtlich)
Sie wissen ja nicht einmal, was Gefahr ist.
Ein Kratzer auf der Haut, der Splitter
im Fleisch, ein bißchen Blut, ein Geschrei
in der Zeitung.

Noboru, Nummer Zwei, Vier, Fünf: Ein Kratzer auf der Haut, ein Splitter
im Fleisch, ein bißchen Blut, ein
Geschrei in der Zeitung.

Anführer: Die wirkliche Gefahr, das ist das Leben selbst,
das Pochen unsrer Herzen ist gefährlich,
der Wind in den Bäumen, der Dreck an den Schuhen,
gefährlich ist es, morgens zu erwachen
und die Wolken am Himmel anzusehen.

Nummer Zwei: Das Pochen unsrer Herzen und der Wind
in den Bäumen, das ist gefährlich, und
die Wolken anzusehen.

Noboru: Das Pochen der Herzen, der Wind in den
Bäumen, der Dreck an den Schuhen, gefähr-
lich ist es, morgens zu erwachen und den
Himmel anzusehen.

Nummer Vier: Das Pochen unsrer Herzen, der Wind in den
Bäumen, das Leben selbst ist gefährlich,
zu erwachen und den Himmel zu sehen.

Nummer Fünf: Das Pochen unsrer Herzen, der Wind in den
Bäumen, gefährlich ist das Leben selbst,
der Dreck an den Schuhen, zu erwachen und
den Himmel zu sehn.

Anführer: Das Blut in den Adern ist gefährlich:
solange es fließt, ist die Ordnung der Dinge
vor allen verborgen. Solange noch die Sonne
jeden Morgen aufgeht, ist die Welt nichts:
eine Lüge, fauliger Atem, ein krankes Gewächs,
ein Geschwür, ein Haufen Schmutz, den uns die
Alten Tag für Tag vor die Füße kehren.

Noboru, Nummer Zwei, Vier, Fünf: Solange es fließt, ist die Ordnung der Dinge
vor allen verborgen. Solange noch die Sonne
jeden Morgen aufgeht, ist die Welt nichts:
eine Lüge, fauliger Atem, ein krankes Gewächs,
ein Geschwür, ein Haufen Schmutz, den uns die
Alten Tag für Tag vor die Füße kehren.

Noboru: Und was ist mit dem Meer und mit den Schiffen?

Anführer: Ich denke, das Meer ist o.k.
Aber die Schiffe? Ich weiß nicht, worin sich
ein Schiff von einem Auto unterscheidet.

Noboru: (gekränkt) Weil du es nicht kapierst.

Nummer Vier: Woher weißt du, was er kapiert und was er
nicht kapiert!

Nummer Zwei: (auf Noboru zeigend)
Er war auf der Rakuyo-Maru.

Anführer: (feixend) Er war mit Mama im Hafen!

Nummer Fünf: (sich beim Anführer anbiedernd)
Mama hat ihm ein Schiff gezeigt.

Noboru springt auf und will sich wütend auf Nummer Fünf werfen. Nummer Zwei tritt dazwischen.

Nummer Zwei: Hört auf und laßt uns essen!

Die Streitenden lassen voneinander ab, und die Jungen packen ihre mitgebrachten Brote und Getränke aus. Sie beginnen zu essen und zu trinken. Noboru schaut versonnen und träumend vor sich hin.

Anführer: (zu Noboru) Du träumst, während du ißt.
Das sind Kindergewohnheiten.

Die anderen kichern und lachen.

Wenn wir gegessen haben, gehen wir zu mir.
Das Haus ist leer.

Nummer Vier: Hast du schon die Katze?

Anführer: Noch nicht.
Verwandlungsmusik.

6. Szene

Der Spätnachmittag des gleichen Tages. Im Park auf dem Hügel hoch über dem Meer. Der Park ist menschenleer. Ein Trinkbrunnen, der überläuft und die Pflastersteine schwarz färbt. Zikaden zirpen in den hohen dunkelgrünen Zypressen. Vom Hafen dringt ein tiefes Brummen herauf. Ryuji allein. Es ist heiß. Der Seemann trägt seine blaue Uniformjacke über dem Arm und sein Hemd aufgeknöpft.

Ryuji: Ich hätte Lust mich abzukühlen ... in ein'en Brunnen zu springen ... am liebsten mit ihr, Fusako ... ich glaube, sie liebt mich ... nein ... ich bin sicher ... am hellichten Tage ... mit ihr ... die ganze Welt schaut zu ...
Er hört Geräusche vom Hafen und hält für einen Moment inne.

So wenig Zeit ... bald laufen wir aus ... viel zu früh ... Ryuji Tsukazaki ... 2. Offizier ... meldet sich zum Dienst ... das schlimmste sind die ewigen Wachen ... die langen, unendlichen Stunden an Deck ... doch diesmal hab ich endlich etwas, woran ich denken kann ... (er sieht zum Himmel hinauf) es dämmert schon ... und es ist immer noch heiß ...
Die Sonne ist langsam gesunken und hat sich leicht rötlich verfärbt. Ryuji geht zum Trinkbrunnen, trinkt etwas Wasser und besprüht dann Haare, Gesicht und Hals mit dem kühlen Wasser, ohne darauf zu achten, daß sein Hemd naß wird. Er schüttelt sich, nimmt sein Jackett und will davongehen. In diesem Moment erscheint Noboru mit den anderen Jungen, die auf dem Nachhauseweg von ihrem Treffpunkt sind. Noboru bleibt ein wenig erschrocken und wie angewurzelt stehen, als er Ryuji erblickt.

(übertrieben laut und freundlich)
Hallo, mein Junge, so ein Zufall!
Du warst am Strand?

Noboru antwortet nicht, sondern starrt auf das nasse Hemd des Seemanns.

Noboru: Was ist passiert?
Ihr Hemd ist ja ganz naß!

Ryuji: Oh, nichts!
Ich habe mich nur am Brunnen ein wenig erfrischt.

Ryuji lacht wieder übertrieben laut und freundlich. Die Jungen blicken sich stumm und vielsagend an.

Anführer: Laßt uns abhaun!

Nummer Zwei: Wir verschwinden!

Nummer Vier: Mach's gut, Noboru!

Nummer Fünf: Geh' nach Haus.

Anführer: (im Weggehen zu den anderen)
Er hat sich nur am Brunnen ein bißchen erfrischt.

Nummer Zwei, Vier, Fünf: Er hat sich nur am Brunnen ein bißchen erfrischt.

Noboru: (zu Ryuji) Bitte, sagen Sie meiner Mutter nicht,
daß Sie mich hier getroffen haben.
Sie denkt, ich war schwimmen.

Ryuji: Keine Sorge, ich sage bestimmt nichts.

Noboru: Einen Augenblick, bitte!

Er läuft zu einem Sandhaufen, streift seine Turnschuhe ab und beginnt, sich beide Beine bis zu den Knien mit Sand zu bestreuen. Dann zieht er die Schuhe wieder an. Ryuji hat sich mittlerweile auf eine Bank gesetzt und sieht dem Jungen zu. Während Noboru sich die Schuhe anzieht, wendet er sich an Ryuji.

Mit Schiffen kenne ich mich aus.

Ryuji: Das ist wahr.
Du machst einem alten Hasen wie mir noch etwas vor.

Noboru: (schaut plötzlich mit wütendem Blick auf)
Ich mag keine Schmeicheleien!

Er beschäftigt sich wieder mit seinen Schuhen.

Wann haben Sie Ihre Wache, Herr Tsukazaki?

Ryuji: Tag und Nacht.
Immer von zwölf bis vier.

Noboru: Herr Tsukazaki, bei einem Sturm,
um wieviel Grad neigt sich ein Schiff?

Ryuji: Wenn schwerer Sturm ist,
bis dreißig oder sogar vierzig Grad.
Versuch einmal, bei vierzig Grad
über ein Schiffsdeck zu laufen.

Noboru: Ihr Schiff ist kein Linienschiff, nicht wahr?

Ryuji: Nein. Wir müssen uns in jedem Hafen
um neue Aufträge kümmern.

Noboru: Sie wissen vorher nicht, wohin es geht?

Ryuji: Nein. Wir fahren überall hin.

Noboru: Kennen Sie die Karibik?

Ryuji: Ich war schon ein paarmal dort.

Noboru: Auch auf Haiti?

Ryuji: Ja, aber nur einmal.

Noboru: Toll! Wie sind die Bäume dort?

Ryuji: Die Bäume . . .?

Noboru: Ja, die Bäume, die am Straßenrand stehn.

Ryuji: Ach so. Meistens Palmen, Kokospalmen.
Aber in den Bergen wachsen Albizzien und Flamboyants.
In der Nacht, wenn der Himmel sich schwarz färbt,
leuchten sie, als stünden sie in Flammen.

Noboru: Wo haben Sie den schwersten Sturm erlebt?

Ryuji: (sieht auf seine Armbanduhr)
Es ist schon ziemlich spät.
Mußt du nicht nach Hause?

Noboru: Sie haben recht. Wie schade.

Ryuji: (legt mit freundschaftlicher Geste seinen Arm um Noborus Schultern)
Ich begleite dich. Und unterwegs erzähle ich
dir von einem Orkan im Atlantik.

Beide gehen. Verwandlungsmusik.

7. Szene

Einige Tage später. Auf der Landungsbrücke am Hafen. Die Rakuyo-Maru bereitet sich auf das Auslaufen vor. Ein Offizier beaufsichtigt den Kran, der langsam eine mit Kisten beladene Palette auf das Schiff hievt. Ein Gabelstapler rollt über die Pier, zwei Seeleute kontrollieren das automatische Lösen der Taue und das Einziehen des Ankers. Ryuji, in einem weißen, leuchtenden Uniformhemd, in der Hand seine Seemannsmütze, und Fusako, in einem leichten seidenen sommerlichen Kimono, in der Hand einen blütenbedruckten Sonnenschirm, stehen zu Füßen des Fallreeps. Ein Maat erscheint, salutiert und übergibt Ryuji eine Mappe mit Zoll- und Frachtpapieren. Ryuji nimmt die Mappe entgegen, blättert in den Papieren und gibt sie dem Maat zurück. Der salutiert und geht die Schiffstreppe hinauf. Noboru, in sommerlicher Freizeitkleidung, auf dem Kopf einen Strohhut zum Schutz vor der Sonne, hat sich von Fusako und Ryuji entfernt und schaut sich die Vorgänge auf dem Pier an, besieht sich die gestapelten, in Holzkisten verpackten Ladungen, späht in das geöffnete Tor eines Lagerhauses, sieht den Matrosen beim Lösen der Taue und Trossen zu und beobachtet, an einen Stapel mit Kisten gelehnt, Fusako und Ryuji.

Ryuji: Aber schon zum Neujahrsfest bin ich zurück.

Fusako: Fünf Monate gehörst du dem Ozean ganz allein.

Ryuji: Fünf Monate lang werde ich keinen Kimono mehr sehen.

Fusako: Doch für einen Seemann ist das Meer wie eine Frau . . .

Ryuji: . . . die ihn von allen andren Frauen fernhält.

Fusako: Du mußt mir schreiben, Ryuji.
Und Noboru auch.

Ryuji: Ich verspreche es dir. Nichts werd ich lieber tun. Fusako, auf bald. Noboru wird sicher traurig sein. Er ist so verschlossen und weit entfernt von uns. Doch ich glaube, er mag mich.

Fusako: Ein paar Worte, Ryuji, von Zeit zu Zeit, daß ich ruhig sein kann. Noboru wird traurig sein. Noboru wird sehr traurig sein. Aber wohl auch sehr stolz. Ganz gewiß, Ryuji.

Noboru: (für sich) Hoffentlich beeilt er sich.
Er sollte endlich abhaun.
Je schneller er verschwindet, desto besser.
(er blickt in den Himmel und hört das Geschrei der Möwen, die über dem Schiff kreisen)

Ein Seemann gehört dem Meer,
wie die Möwe dem Wind,
wie jeder Stern, jede Wolke, jede Schwalbe
dem Himmel gehört.
Er sollte nicht mehr reden.
Er sollte sich vor meiner Mutter verbeugen
und gehn.

Fusako und Ryuji umarmen einander, als wollten sie sich küssen, halten aber ein und schauen zu Noboru, der sich langsam erhebt und zu ihnen geht. Inzwischen sind die Arbeiten auf der Pier und auf dem Schiff beendet worden, der Schwenkkran steht still, der Anker ist eingezogen, die Matrosen sind auf dem Schiff verschwunden, der Gabelstapler steht verlassen neben einem Stapel leerer Paletten. Es liegt eine große, angespannte, fast künstliche Stille über der Szene.

Ryuji: (fröhlich, jungenhaft) Noboru, es ist soweit.

Ryuji schlägt lachend seine Hand auf Noborus Strohhut, so daß dieser ihm bis über die Augen rutscht. Noboru weicht erschreckt zurück und zieht sich den Hut wieder aus den Augen. Dann wendet er sich an Ryuji, mit gespielt naiver Kindlichkeit.

Noboru: Sie müssen uns unbedingt schreiben, Herr Tsukazaki. Mit den schönsten Briefmarken, die Sie bekommen können.

Ryuji: Versprochen, Noboru!

Ein Schiffssignal ertönt. Die blaue Abfahrtsflagge wird gehisst.

Ich muß hinauf.
Auf Wiedersehen.
Auf bald.

Er verbeugt sich vor Noboru und Fusako und eilt das Fallreep hinauf. Von der Reeling winkt er noch einmal, die Mütze in der Hand, Noboru und Fusako zu, während das Schiff langsam ablegt.

Fusako: (zu Noboru, der ungerührt dem Seemann nachschaut)
Wenn du laut genug rufst, dann hört er dich noch.

Unwillig, aber seiner Mutter gehorchend, setzt Noboru zu einem lauten Schrei an. In diesem Moment ertönt die Schiffssirene mit einer Gewalt, als wolle sie die ganze Stadt zum Einstürzen bringen. Noboru verstummt mit offenem Mund, die weiße, leuchtende Gestalt Ryujis hoch oben auf der Reeling verschwindet langsam in der Ferne.
Verwandlungsmusik.

8. Szene

Das Lagerhaus in der Hafengegend. Treffpunkt der Jungen. Die Tür des baufälligen Lagerhauses mit der Aufschrift HAFENVERWALTUNG A ist nun geöffnet. Sie scheint aufgebrochen. Es liegt allerlei Unrat herum, Bretter, alte Zeitungen, Werkzeuge usw. Nummer Eins kommt aus dem dunklen Schuppen mit einem schweren Holzklotz und stellt ihn vor dem Lagerhaus ab. Nummer Zwei und Nummer Vier tragen einen alten Tisch, einer Werkbank ähnlich, heraus und stellen ihn auf. Der Anführer trägt einen Sack in der Hand, öffnet ihn und holt eine kleine, noch junge Katze hervor. Er faßt die ängstlich zappelnde Katze am Genick und zeigt sie den anderen Jungen.

Anführer: Hier ist es!

Nummer Zwei: Was sollen wir tun? Wie wollen wir es machen?
(flüsternd) Das geht ja ganz leicht. Noboru.

Noboru: Mir ist eiskalt und ich spüre nichts.
(flüsternd) Es geht ganz leicht. Ich habe keine Angst.

Nummer Fünf: Wie hast du dir's vorgestellt, Boß? Ich rühre das Tier bestimmt nicht an. Es geht ganz leicht. Das geht ja ganz leicht. Noboru. Noch ziemlich klein, das Tier.

Nummer Vier: Was hat er sich da bloß ausgedacht? Ich fürchte mich nicht. Ich bin eiskalt. Es geht ganz leicht. Das geht ja ganz leicht. Noboru.

Anführer: Hier ist der Klotz. Ein Schlag und es ist hin. Noboru fängt an. Es ist nicht schwer.

Nummer Vier: (die Katze in die Hand nehmend und wiegend)
Leicht wie eine Feder. Ein Nichts. Ein Atemhauch.

Nummer Zwei: Bald wird es schwerer als ein Baumstamm sein.

Nummer Fünf: Bald wird es einzigartig sein und ohne Makel.

Noboru: (abseits, für sich) Das Kätzchen ist nichts . . .
als eine Maske. Der Tod hängt sich ein Leben um, ein zuckendes, zitterndes Leben, eine Lüge aus Knochen, Fell und Sehnen aus Hunger und Schlaf.

Nummer Zwei: Ein Leib, der allen Schmerzen widersteht. Einsam und groß wie der Himmel, kalt und stark wie ein Stein.

Nummer Vier: Ein Universum aus Nerven und Muskeln und Fleisch, das keine Nacht und keinen Tag mehr sieht. Es wird in unseren Händen neu geboren.

Nummer Fünf: Ein Wesen ohne Hunger, ohne Durst. Ein Ding für sich, wird es eins sein mit allem.

Anführer: (wichtigtuerisch) Ein Ding für sich, wird es eins sein mit allem. Eine schmerzende Wunde im Fleisch der Welt wird von uns geheilt.

Nummer Vier, Nummer Fünf: Eine schmerzende, schreiende Wunde, . . .

Anführer, Nummer Zwei, Nummer Vier, Nummer Fünf: . . . auf ewig, für immer geheilt.

Unterdessen hat der Anführer begonnen, sich die Gummihandschuhe anzuziehen und sich auf der Werkbank verschiedene Instrumente, Scheren, Messer usw. zurechtzulegen. Dann gibt Nummer Fünf, nachdem alle die Katze in der Hand gehabt hatten, Noboru das Tier.

Anführer: Nummer Drei, los, fang an!

Alle blicken auf, stellen sich um Noboru und den Holzklotz. Noboru hebt entschlossen den Arm und schmettert mit großem Schwung die Katze auf den hölzernen Klotz.

II. Teil: Winter

9. Szene

Winterlandschaft im Park. Neujahrsmorgen. Noch ist es dunkel, nur langsam zieht die Dämmerung herauf. Fusako und Ryuji. Fusako trägt eine Hose, einen Kaschmirsweater und einen bunten Skipullover, ihren wollenen Mantel hat sie über die Schultern gehängt. Ryuji trägt einen dunkelblauen Wintermantel über seiner Ausgehuniform. Sie stehen an dem Geländer des Parks, von dem aus man auf den Hafen hinunterschauen kann. Im Osten schimmert der Himmel rötlich, langsam immer roter werdend. Ryuji und Fusako tollen herum, ausgelassen und glücklich, von der kalten, klaren Morgenluft belebt. Sie umarmen sich und blicken auf das Meer und den Hafen.

Fusako: Das neue Jahr soll glücklich für uns werden!

Ryuji küßt Fusako.

Ryuji: Das wird es. Ganz bestimmt.

Es wird langsam heller. Die Neonleuchten im Park erlöschen.

Ist dir kalt?

Fusako: Die Sonne wird jeden Augenblick aufgehen.
Es wird hell.

Ryuji: Ich kenne jede Wolke am Himmel,
ich bin den Sternen nachgefahren,
bis ans Ende der Welt.
Und unter dem Kreuz des Südens,
von dem alle Seeleute träumen,
schlug mir ein eisiger Wind ins Gesicht.
Ein eisiger, höhnischer Wind.

Fusako: Wie die Welt sich verwandelt. Jede Welle,
jede Wolke, jeder Windhauch in eine dunkle,
rote Glut getaucht. Als schlüge der Morgen
den Tag wie einen Kristall aus der Schwärze
der Nacht. Wie einen Kristall, der mir Glück
prophezeit.

(zu Ryuji) Es ist das erste Mal, daß ich am Neujahrstag die
Sonne aufgehen sehe.

Ryuji: (brüllend, als müsse er gegen einen Sturm anschreien)
Willst du mich heiraten?

Fusako: Was?

Ryuji: (ärgerlich, weil er die Frage wiederholen muß)
Ob du mich heiraten willst?

Fusako bleibt stumm und sieht Ryuji erstaunt an. Sie setzt sich auf die Bank, die zwischen dem Springbrunnen und dem Ausblick steht. Ryuji folgt ihr und setzt sich neben sie. Die Sonne, ein großer, glutroter Ball, steigt soeben langsam den Horizont hinauf und taucht die bleichen Wangen Fusakos in ein rötliches, wärmendes Licht.

Ich bin nur ein einfacher Seemann,
aber ich habe zwei Millionen Yen auf der Bank.
(er greift in die Brusttasche seines Mantels und zieht ein kleines Heft daraus hervor)
Dies ist mein Sparbuch.
Ich schenke es dir.
Ob du mich heiratest oder nicht.

Fusako: (sich die Tränen der Rührung wischend)
Ryuji!
(zögernd)
Aber wie kannst du mein Mann sein?
Du gehörst nicht hierher.
Dich erwartet doch das Schiff.

Ryuji: Das Schiff muß warten.
Vielleicht . . . für immer, für alle Zeit.

Fusako: Ryuji! Dies ist mein glücklichster Tag!

Verwandlungsmusik.

10. Szene

Das Lagerhaus in der Hafengegend. Alles sieht aus wie im Sommer, nur ein wenig verfallener. Die Blechfässer liegen noch immer herum, etwas rostiger, die Aufschrift HAFENVERWALTUNG A auf der Tür des Schuppens ist unleserlich geworden, einige Graffitis sind hinzugekommen, die Initialen A und Y in einem von einem Pfeil durchbohrten Herz, die Städtenamen YOKOHAMA und NEW YORK, daneben die Kreidezeichnung eines einsamen, melancholisch dreinschauenden pfeiferauchenden Seemanns.
Die Bande der Jungen ist versammelt.

Nummer Zwei: Noch immer hat mein Vater mir
kein Luftgewehr gekauft.

Anführer: Du solltest endlich lernen, daß auch der Vater,
der dir ein Gewehr kauft, um kein Stück besser
ist als einer, der es nicht tut.

Alle: Gerechte Väter!

Anführer: Ob streng, ob freundlich, lachend oder brüllend,
sie bleiben Väter, Feiglinge und Schwätzer,
die sich für Helden halten, weil sie sich
ab und zu auf unsere Mütter legen.

Nummer Vier: (eifrig bemüht, die Rede des Anführers zu unterstützen)
Meiner hat mich erst gestern noch geschlagen.
Bereits das dritte Mal in diesem Jahr.

Nummer Zwei: Das traut er sich!?

Noboru: Das traut er sich!? Ein Wahnsinn.

Anführer: Das ist ein Witz.

Nummer Fünf: Mich wundert's nicht. Unverschämt.

Nummer Vier: Was soll ich tun?
Er ist der Stärkere von uns zwein.

Noboru: (erregt, wütend)
Blausäure in die Suppe,
und in den Tee statt Zucker Rattengift.
Das hilft am besten gegen Schläge jeder Art.

Anführer: Geschlagenwerden ist noch lange nicht
das Schlimmste.

Nummer Zwei: Mein Vater trinkt.

Nummer Fünf: Und meiner betet.
Täglich ein Gebet.

Anführer: Wofür?

Nummer Fünf: Gesundheit, Frieden, Glück in der Familie
und all das Zeug. Wofür man eben betet.

Anführer: Das Schlimmste ist die gottverdammte Feigheit!
Der Anführer geht vor die Wand mit den Inschriften, betrachtet die Zeichnung des Seemanns, holt aus und schlägt mit der Faust gegen die Zeichnung.
(zu Noboru) Was macht dein Held, Nummer Drei,
ist er wieder da?

Noboru: Ja, er ist da.

Anführer: Was hat er dir erzählt von seinen Heldentaten?
Sollte er nicht „Ungeheuerliches" tun?

Noboru: (kleinlaut) Er sagte, er sei
in einen Sturm geraten . . .

Anführer: . . . und pitschnaß geworden, was, wie damals . . .
(lacht verächtlich)

Nummer Zwei, Vier, Fünf: „Oh, nichts!
ich habe mich nur am Brunnen
ein bißchen erfrischt."

Sie lachen und albern herum.

Anführer: Noborus Mutter muß ihn trockenlegen.

Alle lachen und brüllen, Noboru, der errötet ist, lacht verlegen mit ihnen.

Noboru: Ich habe von ihm ein ausgestopftes Krokodil
bekommen, vom Amazonas, von den Indios.

Anführer: (kalt, verächtlich)
Ein Krokodil, mein Gott, ein Krokodil.

Nummer Vier: Wann haut er wieder ab,
dein ausgestopfter Seemann?

Noboru: Er weiß es nicht.

Nummer Zwei, Vier, Fünf: Er weiß es nicht?

Noboru: Ich habe ihn gefragt, wann er wieder hinaus muß.
Er sagte nur: Ich weiß es nicht.

Nummer Zwei, Vier, Fünf: Die Winde wehn
das Schiff fährt aus
Der Seemann schläft
und bleibt zu Haus

Sie lachen und tanzen um die Tonne herum. Einer von ihnen legt sich über die Tonne und stellt sich schlafend.

Noboru: Er hilft jetzt meiner Mutter
in der Boutique.

Nummer Zwei: Ein Hosenverkäufer!

Nummer Vier: Ein Ladenschwengel!

Nummer Fünf: Danke sehr, der Herr!
Auf Wiedersehen, der Herr!

Nummer Fünf macht ein paar übertriebene Verbeugungen und fällt dann laut lachend auf die Knie. Langsam erhebt sich der Anführer, der abseits auf einer Kiste gesessen hatte, geht vor die Zeichnung des Seemanns, betrachtet sie noch einmal, dreht sich dann zu den anderen Jungen um, nimmt eine lässige und zugleich feierliche Haltung ein, einen Fuß auf die Kiste gestützt.

Anführer: (erst die Jungen anblickend, dann Noboru scharf fixierend)
Sollen wir aus deinem Seemann wieder einen
Helden machen, Nummer Drei?

Noboru: (irritiert, fröstelnd, als ob er nicht richtig verstanden habe)
Er hat von seinen Sachen noch nichts fortgeworfen.
Sein blauer Anzug hängt bei uns im Schrank.

Anführer: (ohne auf Noboru zu achten)
Ein Held. Ein wirklicher Held.

Der Anführer runzelt seine schönen geschwungenen Brauen und starrt in die Ferne. Dann zieht er langsam seine gefütterten Lederhandschuhe an und schlägt die Stulpen zurück, so daß ihr rotes Futter sichtbar wird.

11. Szene

Das Wohn- und Eßzimmer im Haus Fusakos. Das Zimmer ist im europäischen Stil eingerichtet. Links ein Kamin, eine Couch, ein tiefer Couchtisch aus Messing und Glas, zwei Sessel, auf dem Kaminsims eine Vase aus Jade, rechts ein Eßtisch mit gepolsterten Holzstühlen. Eine Treppe führt in das erste Stockwerk des Hauses hinauf, wo sich Fusakos und Ryujis Zimmer befinden. Ryuji, der elegante lederne Hausschuhe und einen braunkarierten Hausmantel trägt, sitzt auf der Couch und liest ein Buch „Textilwaren im Verkauf". Fusako bereitet den Eßtisch für das Abendessen vor. Noboru hilft ihr. Sie setzen sich zu Tisch. Ryuji nimmt das Buch mit an den Tisch und liest weiter, während Fusako das Essen austeilt.

Ryuji: (liest vor)
„Die Aufgabe des Verkäufers besteht darin, mit Hilfe von überzeugenden Argumenten den Kaufentschluß des Kunden herbeizuführen."

Fusako: (zu Ryuji) Irgendwann wirst du die Herrenabteilung ganz von dir aus leiten können.

Ryuji: (hat in dem Buch geblättert, liest eine andere Passage vor)
„Möglichst frühzeitig sollte der Verkäufer den Kunden veranlassen, einmal probeweise einen Sakko überzuziehen. Der Sakko des Kunden sollte unbedingt auf einen Bügel gehängt werden. Dieses kleine Bemühen um die Kleidung des Kunden trägt zur Schaffung einer Vertrauensatmosphäre bei."

Noboru: (wendet sich, als habe er erst jetzt richtig verstanden, mit erstauntem Gesicht Fusako zu)
Die Herrenabteilung?

Fusako: Ja, Noboru.

Sie macht eine Pause, blickt auf Ryuji, der legt sein Buch aus der Hand und setzt sich aufrecht hin, Fusako legt ihr Eßbesteck aus den Händen und macht ein ernstes, förmliches Gesicht.

Ich muß dir heute Abend etwas sehr Wichtiges sagen, Noboru. Du wirst einen neuen Papa bekommen. Herr Tsukazaki und ich werden heiraten.

Noboru blickt Fusako einen Moment lang erstaunt an. Dann beginnt er wieder, scheinbar ungerührt, zu essen. Ryuji beschäftigt sich, etwas verlegen, damit, Wein nachzuschenken. Fusako wendet sich wieder mit eindringlicher Miene an Noboru.

Noboru! (sie legt eine Hand auf seinen Arm) Dein Vater war ein großartiger Mensch. Ich habe ihn sehr geliebt. Doch acht Jahre sind eine lange Zeit und die Einsamkeit in dieser Zeit war schrecklich für mich. (sie bricht in Tränen aus, nimmt ein

Taschentuch und trocknet sich die Tränen) Ich habe in dieser Zeit nur für dich gelebt, Noboru. Und jetzt wird auch Herr Tsukazaki für dich da sein. (sie macht eine kurze Pause, schaut auf Ryuji, dann wieder auf Noboru) Ich möchte, daß du ihn Papa nennst.

Noboru zuckt unmerklich zusammen, fängt sich sogleich wieder und blickt mit einem kühlen Lächeln auf Ryuji, der darauf mit einem breiten Grinsen reagiert und übertrieben freundlich und freundschaftlich Noboru seine Hand entgegenstreckt.

Ryuji: Abgemacht!
Von heute an bist du mein Sohn, Noboru.
Komm, gib deinem Vater die Hand!

Langsam und mit unendlicher Mühe reicht Noboru Ryuji die Hand. Ihm schwindelt, ein fröstelnder Schauer überkommt ihn bei der Berührung von Ryujis kräftiger warmer Hand. Noboru zieht seine Hand zurück und beginnt wieder zu essen, schweigend, mit niedergeschlagenen Augen. Ryuji blickt lächelnd und mit beruhigender Geste zu Fusako. Nachdem sie eine Zeitlang in verlegener Stille gegessen haben, blickt Noboru auf.

Noboru: Ich bin müde.
Ich möchte zu Bett gehn.

Fusako: Geh nur, Noboru.
Gute Nacht.

Noboru verbeugt sich vor Fusako und Ryuji und geht die Treppe hinauf in sein Schlafzimmer. Während er noch auf der Treppe ist, springt Fusako auf, nimmt einen Schlüssel aus ihrer Handtasche und macht Anstalten, Noboru nachzulaufen.

Der Schlüssel!
Ich hätte ihn fast vergessen.

Noboru bleibt auf dem obersten Treppenabsatz stehen. Ryuji blickt auf.

Ryuji: (zu Fusako) Meinst du nicht, er ist allmählich
zu alt, um noch immer eingeschlossen zu werden?

Fusako: (die einen Moment zögert) Vielleicht hast du recht.

Sie legt den Schlüssel wieder in ihre Handtasche.

Gute Nacht, Noboru!

Noboru, der schweigend vom obersten Treppenabsatz aus, im Halbdunkel stehend, zugehört hatte, verschwindet im oberen Stockwerk.

Ich glaube, wir haben heute abend einen
sehr glücklichen jungen Mann im Haus.

Lichtwechsel. Noboru in seinem Zimmer. Er entkleidet sich.

Noboru: Wie kann ich in diesem Zimmer sein
und zugleich die Tür von außen verschließen?
Wie kann ich der Sohn eines Mannes sein,
der nicht mein Vater ist?
Wie kann ich Papa zu ihm sagen,
ohne den Mund aufzutun?

Er hat sich währenddessen sein Nachtzeug angezogen, das Fach des Wandschrankes ausgeräumt, ein Englischbuch aus seiner Schulmappe genommen und geht nun langsam, in dem Buch blätternd, auf den Wandschrank zu.

(langsam, stockend, schülerhaft)
Can't I stay in my room while I'm outside
locking myself in?

Dann legt er sich mit seinem Buch und einer Taschenlampe in den Wandschrank und beginnt, englische Vokabeln zu lernen.

abandon . . .
ability . . .
aboard . . .
absent . . .
absolute . . .

Er schläft ein, ohne das Licht zu löschen.

Lichtwechsel. Fusako und Ryuji im Boudoir. Beide haben sich inzwischen entkleidet, Ryuji trägt einen gestreiften Pyjama, Fusako ein schwarzes Nachthemd. Ryuji umarmt Fusako.

Fusako: (zögert und entzieht sich Ryuji)
Bitte kein Licht!

Ryuji: Warum?

Fusako: Ich schäme mich heute ein wenig.

Ryuji: Vor mir?

Fusako: Nein, nicht vor dir.
Vielleicht vor Noboru.
Oder . . .

Ryuji: (löscht das Licht)
Wir sind allein, ganz allein, Fusako.

Er umarmt Fusako.

Fusako: (immer noch ängstlich)
Mir ist, als starren uns hundert Augen an.

Ryuji lacht, richtet sich auf, schaut sich im Zimmer um. Plötzlich entdeckt er in der Wand einen hellen Lichtpunkt.

Ryuji: Was ist das?
Ist Noboru noch wach?

Fusako erhebt sich und starrt auf den Lichtpunkt. Sie begreift sofort, springt auf, nimmt ihren dunkelblauen, von silbernen Pfauenfedern durchwirkten Morgenrock und läuft in Noborus Zimmer. Sie entdeckt Noboru im Wandschrank, reißt ihn mit ungeheurer Kraft heraus, schlägt auf ihn ein. Noboru verfängt sich in der am Boden liegenden Wäsche, stürzt auf den Fußboden, bleibt am Boden liegen. Fusako schlägt weiter auf ihn ein, schluchzt, weint und schreit.

Fusako: Eine Schande! Eine Gemeinheit! Mein eigener Sohn!
So viel Schmutz! In diesem Haus!
Wie ich mich schäme! Mein eigener Sohn!

Ryuji ist in Fusakos Zimmer geblieben. Unsicher, was er tun soll, hat er sich seinen Morgenmantel angezogen, sich auf den Bettrand gesetzt und eine Zigarette angezündet. Er raucht ein paar Züge, hört den Lärm aus dem Nebenzimmer, drückt die Zigarette aus und geht dann auch hinüber.

Ich werde mit dir nicht mehr fertig.
Höchste Zeit, daß wieder ein Mann im Haus ist.
Dein Vater wird dir beibringen, was sich
für einen Sohn gehört.

In diesem Augenblick kommt Ryuji herein.

(zu Ryuji) Er hat uns beobachtet.
Er hat alles gesehen.

Ryuji: (zu Noboru) Ist das wahr?

Noboru: Ja!

Ryuji: Wie lange machst du das schon?

Noboru schweigt.

Von Anfang an?

Noboru nickt.

Aha.

Ryuji steckt seine Hände in die Taschen seines Morgenmantels, zögert, weiß nicht, was er machen soll, geht im Zimmer auf und ab, unruhig, gespannt, unsicher.

Von Anfang an!

Dann geht er wieder auf Noboru zu, streckt seine Hand nach ihm aus. Noboru weicht erschreckt zurück, als wolle er einem Schlag ausweichen. Ryuji zieht Noboru mit dem anderen Arm zu sich heran und legt ihm seine ausgestreckte Hand auf die Schulter.

Es ist schlimm, was du getan hast.
Sehr schlimm.
Aber ich werde dich nicht schlagen.
Jetzt, wo wir gemeinsam ein neues Leben beginnen.
Ich werde dir verzeihen, mein Sohn.

Noboru zuckt noch einmal zusammen, wie von einem Schlag getroffen, wird bleich und scheint fast hinzustürzen.

Am besten ist es, wir vergessen die Sache.

Ryuji legt Noboru seinen Arm um die Schultern und führt ihn ein Stück auf das Bett zu.

Und jetzt ins Bett, Noboru.
Gute Nacht!

Ryuji und Fusako gehen hinaus. Fusako immer noch erschüttert und sich die Tränen trocknend.

Noboru: (für sich, nachdem er einen Moment gelauscht hat und es ganz still um ihn geworden ist)
Der Boß hat recht:
(er streicht sich die Haare aus dem Gesicht)
Es gibt Schlimmeres, als geschlagen zu werden.

12. Szene

Einige Tage später. Am Lagerhaus. Die Jungen treffen sich. Sie haben sich auf den Kisten, die vor dem Lagerhaus stehen, niedergelassen. Der Anführer steht an die Holzwand des Lagerhauses gelehnt. Noboru hat ein Schulheft bei sich, auf dem in großen roten Buchstaben geschrieben steht: RYUJI TSUKAZAKIS VERGEHEN. Er schlägt das Heft auf und beginnt, daraus vorzulesen.

Noboru: Ryuji Tsukazakis Vergehen:
1. Er schmeichelte mir,
als wir über die Seefahrt sprachen.

Nummer Zwei, Vier, Fünf, Anführer: Ein Schmeichler.

Der Anführer schreibt mit Kreide die Zahl 15 an die Wand des Lagerhauses.

Noboru: 2. Im Park trug er ein nasses Hemd und sagte, er habe sich nur am Brunnen ein bißchen erfrischt.

Der Anführer schreibt unter die Zahl 15 die Zahl 20.

Nummer Zwei, Vier, Fünf, Anführer: Zwanzig!

Noboru: 3. Er ist nach Weihnachten zurückgekehrt und wußte nicht, wann er wieder zur See muß.

Nummer Zwei, Vier, Fünf, Anführer: Und wußte nicht!

Der Anführer schreibt unter die Zahl 20 die Zahl 30.

Noboru: 4. Er geht mit Anzug und Krawatte in die Boutique von meiner Mutter.

Nummer Zwei, Vier, Fünf, Anführer: Zwanzig!

Der Anführer schreibt unter die Zahl 30 die Zahl 20.

Noboru: 5. Beim Abendessen sagte er: „Komm, gib deinem Papa die Hand“ und lachte übertrieben freundlich.

Nummer Zwei: Er lachte übertrieben!

Anführer: „Gib dem Papa die Hand!“

Nummer Vier: Infernalisch!

Nummer Fünf: Die reine Hölle!

Der Anführer schreibt unter die Zahl 20 die Zahl 15.

Noboru: 6. Er klopfte mir auf die Schulter. Unerträglich!

Anführer: Widerlich! Unerträglich!

Nummer Vier: Unmöglich! Unerträglich!

Nummer Fünf: Abscheulich! Unerträglich!

Der Anführer schreibt noch einmal die Zahl 15 auf die Wand.

Noboru: Er hat mir verziehen, daß ich ihn und meine Mutter im Bett beobachtet habe.

Noboru klappt das Buch zu und blickt auf den Anführer.

Anführer: Das ist ja furchtbar!
Das sind mindestens fünfunddreißig Punkte!

Er schreibt die Zahl 35 an die Wand. Dann beginnt er langsam und genau, alle Punkte zusammenzuzählen.

Fünfzehn ... Fünfunddreißig ... Fünfundsechzig ... Fünfundachtzig ... Einhundertfünfzehn ... Einhundertfünfzig!

Er macht einen Strich unter die Zahlen und schreibt 150 darunter.

Ich hätte nicht gedacht, daß es so böse aussieht.

Nummer Zwei: (geht an die Wand und rechnet leise nach)
Hundertfünfzig. Genau Einhundertfünfzig.

Nummer Vier: Wenn es wenigstens Hundert wären, oder Hundertzehn ...

Nummer Fünf: Auch das ist eigentlich schon zuviel.

Nummer Vier: ... aber Hundertfünfzig ...

Anführer: Es steht schlimm, verdammt schlimm um den Seemann.

Noboru: Also können wir nichts mehr für ihn tun?

Anführer: Nichts. Absolut nichts.

Er blickt zu den anderen Jungen, die betroffen die Köpfe schütteln und schweigen. Nach einiger Zeit, das Schweigen beginnt unerträglich zu werden, ergreift der Anführer wieder das Wort.

Jeder von uns ist ein vollkommenes Wesen. Aber die Welt, in der wir leben, ist leer – ein ausgelaufenes Faß, hohl wie der Stamm eines zerfressenen Baumes. Es liegt an uns, ihn auszureißen. Wir sind es, die den Dingen erlauben zu sein. Wie diesem Blatt (er hebt ein verdorrtes Blatt vom Boden auf, zerreißt es und läßt es wieder fallen), wie diesem Stein (er hebt einen Stein vom Boden auf und wirft ihn in hohem Bogen fort). Wir sind es, die dem Baum gestatten zu verfaulen, den Müttern zu weinen und den Vätern zu schrein. Wenn wir nur etwas Mitleid hätten mit dem Leben, nur einen Funken Mitgefühl mit dieser Welt, wir hätten diesen Stein schon längst in Staub verwandelt und dieses Blatt wär nichts als Luft. Denn nur das Wenigste ist erträglich, das Meer . . .

Noboru: . . . die Schiffe . . .

Anführer: Die Schiffe . . . vielleicht.
Auf jeden Fall ist es nur wenig,
und wenn auch dies sich gegen uns verschwört,
dann ist es, als treibe das eigene Herz uns
das Blut aus dem Leibe, als würde der eigene Mund
uns die eigene Zunge verschlingen.

Nummer Vier: Der Seemann hat versagt.
Er hat das Meer verraten.

Nummer Zwei, Vier: Er hat Nummer Drei verraten.
Er hat sich freiwillig zu einem feigen,
erbärmlichen Vater gemacht.

Noboru, Nummer Fünf: (einwendend, ängstlich)
Aber Ryuji Tsukazaki ist nur ein Symbol . . .

Anführer: (mit fester Stimme, schroff)
Ganz recht! Und wenn ein Symbol nichts mehr
bedeutet, dann ist es leer und tot.
Der Seemann hängt schon längst an einem Baum.
Wir können nur noch seinen Strick abschneiden.
Mehr können wir für ihn nicht tun.

Nummer Zwei: Du hast recht, Nummer Eins.

Nummer Vier: Wie sollen wir es machen?

Anführer: Nummer Drei, du bringst ihn her. Am besten, du sagst ihm, wir möchten, daß er uns vom Meer erzählt und von seinen Abenteuern auf See. Er soll seine Seemannskluft anziehen. Dann werden wir mit ihm nach Sugita hinaufgehen, zu unsrem Trockendock.

Nummer Zwei: Ich bringe Seile mit . . .

Nummer Vier: . . . und ich Handtücher.

Anführer: Wir brauchen Tee in einer Thermosflasche,
Pappbecher, Brote, Schlaftabletten,
damit er müde wird . . .

Nummer Fünf: . . . ich kümmere mich darum.

Anführer: Gut. Außerdem brauchen wir Werkzeug.
Messer, Sägen, alles was ihr findet.

Nummer Vier hat sich indessen etwas abseits gestellt und hält sich den Bauch, als sei ihm übel.

Hast du Angst, Nummer Vier, ist dir schlecht?

Nummer Vier: (gequält) Nein, nein, schon gut.

Auch Noboru steht seit einiger Zeit an die Wand des Lagerschuppens gelehnt, schweigend und leichenblaß.

Anführer: (zu Noboru) Und du bist bleich wie ein Gespenst!

Noboru bringt kein Wort hervor. Sein Mund ist trocken, ihm ist kalt, er steckt die Hände tiefer in seine Manteltaschen.

Wir müssen es tun. Es ist, als wenn wir ein Schiff, das allzu lang im Hafen lag, wieder ins Meer geleiten.

Nummer Zwei: Wir treiben die Wellen ins Meer zurück.

Nummer Vier, Fünf: Sie dürfen nicht ruhn.

Anführer: Wir müssen es tun.
Wir müssen dem Himmel wieder ein neues Leben einhauchen.

Langsam wird es Abend, die Dämmerung hat eingesetzt. Der Himmel ist wolkenlos und leicht rötlich verfärbt.

Nummer Zwei: Das Meer ist riesig.
Das Meer ist kalt.

Noboru, Anführer, Nummer Vier, Fünf: Das Meer ist kalt.

Der Anführer blickt zum Himmel hinauf.

Anführer: Ich denke, morgen wird ein klarer Tag.

Verwandlungsmusik.

13. Szene

Ein klarer, sonniger Winternachmittag.
In Fusakos Boutique „Rex" in Yokohama. Ein elegantes Geschäft für europäische Damen- und Herrenmode. Geschmackvoll ausgestattete Vitrinen, ein kleiner Patio, ausgelegt mit spanischen Fliesen, ein Springbrunnen, eine bronzene Bacchusstatue. Auch in den Vitrinen und im Ladenraum stehen einzelne wertvolle Antiquitäten, Vasen und Skulpturen aus der Sammlung ihres verstorbenen Mannes. Es ist früher Nachmittag eines städtischen Festtages und das Geschäft schließt vorzeitig. Fusakos drei junge Verkäuferinnen verabschieden sich von ihr und verlassen das Geschäft. Der Geschäftsführer, ein vornehmer, elegant gekleideter älterer Herr, übergibt Fusako den Kassenschlüssel. Dann zieht er sich einen Mantel an, verbeugt sich und geht ebenfalls hinaus. Fusako verschließt hinter ihm die Ladentür, verdunkelt ein wenig das Licht im Inneren des Raumes und beleuchtet den Patio, den Springbrunnen und die Statue. Dann bereitet auch sie sich vor, das Geschäft zu verlassen. Sie trägt elegante Winterkleidung. Während des Ankleidens verharrt sie und verliert sich mit heiterer, träumerischer Miene in ihren Gedanken.

Fusako: Ein Kleid aus Blüten werde ich tragen... für dich werde ich schön sein ... Ryuji... für uns ... mein Mann ... deine Frau... solange wir leben ... solange wir uns umarmen... für immer ... ein Kleid ... aus leuchtenden Blüten ... ein Kleid ... aber...

Sie stockt und blickt sich suchend im Geschäft um, wie abgelenkt.
In diesem Moment wird, für Fusako unsichtbar, seitlich oder im oberen Bühnenhintergrund der Blick frei auf das nächste Bild: Ryuji, Noboru und die anderen Jungen steigen schweigend einen Hügel hinauf, auf dem Weg zum „Trockendock" der Jungen.

... Noboru ... lieber ... du mein Sohn... mein einziges Kind ... vielleicht ... Noboru ist kein Kind mehr ... er ist alt genug ... und er wird lernen müssen ... lernen... ein College ... Oxford ... (fröhlich, kindlich) wer Erfolg haben will, muß Sprachen lernen... Englisch ... Französisch ... Italienisch... wir haben internationale Kundschaft... Noboru ... er wird lernen ... er wird Ryuji lieben lernen ... wie einen Vater ... Ryuji... wir gut ihm der neue Anzug steht ... er wird ihn lieben ... wie ich ihn liebe ... wir sind jung ... wir sind noch so jung ... wir haben Zeit ... Ryuji ... Zeit...

Sie sind mit ihren Schuluniformen bekleidet und tragen ihre Schultaschen bei sich. Nummer Zwei und Nummer Vier haben jeweils noch eine Reisetasche aus Leinen dabei. Ryuji trägt seine Seemannsuniform, den blauen Mantel hat er über den Arm gelegt. Sie machen den Eindruck, als haben sie schon ein Stück anstrengenden Weges hinter sich. Ihr Weg führt beständig bergan, auf einen Hügel hinauf, vorbei an graugewordenen, dürren Wiesen, staubigen Büschen, dazwischen sind einige unbebaute, schräg am Hang liegende

Baugrundstücke, aufgeworfene Erdhügel, Bretter, ein halb fertiggestellter Bauzaun, Baumaschinen. Schließlich erreicht die Gruppe einen laubbedeckten Pfad, rechts und links von niedrigen kahlen Bäumen bestanden, der sie weiter hinaufführt, bis auf eine Lichtung, auf dem Gipfel des Hügels, verdorrtes Gras, aus dem vermoderte Holzpfosten hervorragen, Reste eines Stacheldrahtzaunes, auf der rechten Seite ein verrosteter Blechtank mit der verblichenen Aufschrift:

U.S. FORCES INSTALLATION
UNAUTHORIZED ENTRY PROHIBITED AND PUNISHABLE
UNDER JAPANESE LAW

Neben dem Wassertank befindet sich eine bewachsene Erderhebung mit einem höhlenartigen Eingang. Hier machen die Jungen halt. Ryuji sieht sich irritiert und suchend um.

Fusako in ihrer Boutique hat sich inzwischen für den Heimweg gekleidet, löscht das Licht und verläßt die Boutique.

14. Szene

Aus der Tiefe hört man den Lärm von Baumaschinen, Fabriken und Straßenverkehr. Man sieht tief unten, zu Füßen des Hügels, wie sich Planierraupen durch die Landschaft fressen, große Erdmassen werden aufgeschüttet, auf Lastwagen geladen und fortgebracht, der Blick geht über die Fabriken und Lagerhäuser, eine zersiedelte Industrielandschaft, die sich in den Hügel hineinfrißt, man sieht das Meer und seinen schmutzigen grauen Strand. In der Ferne ist ein großes Frachtschiff zu erkennen, das dem Horizont entgegenfährt.

Ryuji: (der sich weiter suchend und verwundert über den seltsamen Ort nach allen Seiten umschaut)
Und wo ist euer Trockendock?

Anführer: (mit einem sanften, anmutigen und freundlichen Lächeln auf die Höhle zeigend)
Hier ist es.

Ryuji: (erstaunt) Ein Trockendock, mitten auf einem Berg? Muß ziemlich schwierig sein, ein Boot hier raufzuschleppen!

Anführer: (wieder sanft und freundlich lächelnd)
Nicht für uns.
Für uns ist es ganz leicht.

Nummer Zwei: Wir nehmen ein abgewracktes Boot, zerlegen es,
tragen es herauf und bauen es hier wieder zusammen.

Einige von den Jungen lassen sich auf einem Bretterstapel, der seitlich vor dem Höhleneingang liegt, nieder. Die anderen setzen sich auf den Grasboden. Der Anführer bleibt stehen, schräg an einen Erdhaufen gelehnt. Der Lärm der Baumaschinen wird für einen Moment lauter, um dann wieder abzunehmen. Endlich ergreift Ryuji, nach einem Moment angespannter, beängstigender Stille, mit absichtsvoll heiterem und aufgeräumtem Ton das Wort.

Ryuji: Wer von euch war schon mal auf einem großen Schiff?

Keiner der Jungen antwortet, auch Noboru nicht. Ryuji, verwundert und irritiert, zögert einen Moment, dann beginnt er wieder zu sprechen.

Wenn ich euch vom Leben auf See erzählen soll, dann fange ich am besten mit der Seekrankheit an. Irgendwann erwischt sie jeden, auch der Erfahrenste ist nicht sicher vor ihr. Und wenn sie dich in ihren Klauen hat, die reine Höllenqual! Es zerreißt dir den Magen, jeder Wellenschlag ist wie ein Hammerschlag auf den Kopf, du würdest lieber sterben, als noch eine Minute auf so einem schlingernden, stampfenden Schiff zu verbringen, das dir die Gedärme zu einem kochenden Brei verrührt...

Die Jungen schauen Ryuji gelangweilt und desinteressiert an. Nummer Zwei hat sich während Ryujis Erzählung erhoben und sich hinter einem Bretterstapel zu schaffen gemacht. Nummer Fünf beschäftigt sich mit seiner Mütze und gähnt. Ryuji hat das Desinteresse der Jungen bemerkt und wechselt das Thema.

Habt ihr jemals dieses Lied gehört?
Es ist mein Lieblingslied.

Ich setzte große Segel
und sagte den Bäumen Adieu
Den Steinen rief ich zu
Auf Nimmerwiedersehen
Die Berge vergaß ich
beim ersten Wellenschlag
So trug mich der Wind
wie ein Bruder über das endlose Meer
Und am Himmel standen die Sterne
und taten mir weh.

Die Jungen stoßen sich grinsend und feixend in die Rippen und brechen schließlich in lautes Gelächter aus. Noboru ist zu Tode beschämt, er steht abrupt auf, nimmt Ryujis Seemannsmütze, die dieser neben sich ins Gras gelegt hatte, vom Boden auf und entfernt sich ein Stück von den anderen.

Noboru: (für sich, unbeachtet von den anderen, die Mütze Ryujis mit dem Anker und der goldenen Kette versonnen betrachtend)

Der Seemann stieg das Schiff hinauf ... wie auf einen Berg ... ein großes eisernes Gebirge ... das den Hafen verließ ... und über den Horizont kippte ... er war nur noch ein weißer Punkt ... als ich ihn das letztemal sah ... er winkte mir zu ... er hatte seine Mütze in der Hand ... und winkte nach mir ...

Ryuji, verwirrt und beschämt vom Gelächter der Jungen, faßt sich wieder und setzt seine Erzählung fort. Die Jungen hören nun aufmerksamer und gespannter zu.

Ryuji: Ich habe meinen Beruf nicht gewählt, weil ich das Meer liebte. Nein, ich bin Seemann geworden, weil ich das Land haßte. Vielleicht war das ein Fehler, denn auf meinen langen Reisen dachte ich sehr oft an das Land. Ich kam bis Kapstadt, Algier, Alaska. Doch am schwersten war das Warten in den tropischen Häfen, unter Himmeln voller Blüten, das Meer wie ein rastloses Tier (er macht eine kurze Pause und blickt dann ernst und eindringlich auf die Jungen). Ein Mann sollte das, was er haßt, nie zu lange verlassen, sonst sehnt er sich irgendwann danach.

Während Ryujis Erzählung zieht der Anführer, ohne daß es Ryuji bemerkt, seine schwarzen Lederhandschuhe aus und streift sich langsam ein paar Gummihandschuhe über, die fast bis zu den Ellenbogen reichen. Gleichzeitig öffnen die Jungen ihre Taschen, nehmen die Werkzeuge heraus, legen sie vor sich hin, nehmen sie wieder in die Hand, prüfen sie, wiegen sie usw.
Nummer Zwei hat die Thermosflasche aus einer der Leinentaschen geholt. Noboru setzt sich wieder auf den Grasboden, die Seemannsmütze neben sich. Er hält Nummer Zwei einen Becher entgegen und Nummer Zwei füllt Tee hinein. Dann reicht Noboru Ryuji den dampfenden Tee.

Noboru: Tee?

Ryuji: Ja, sehr gern.

Ryuji nimmt den Becher, trinkt sofort einige große Schlucke, um sich zu wärmen und setzt seine Erzählung fort.

Ich habe das Meer niemals wirklich geliebt, aber ich habe immer davon geträumt, es zu besitzen. Seine Einsamkeit, seine Weite, seine Gewalt. Eins zu sein mit der dunklen Brandung, eins zu sein mit dem Wind!

Ryujis Stimme wird langsam schwächer, delirierend. Die betäubende Wirkung des Tees setzt ein. Ryuji blickt mit glasigen Augen auf das Meer.

Der malaiische Archipel ... Makatea im Südpazifik ... ein Gewimmel von Papageien ... Vogelgekreisch, das aus dem Urwald kam ... wild und unheimlich, glühende Sonne, glühendheiße Schwermut... kein Wind ... nur Hitze ... Wochen für Wochen im verlassenen Hafen ... und über dem Meer brennt die Sonne unerbittlich, gleichgültig ... Haie kreisen langsam und träge durch lauwarmes Wasser, das sich rot färbt ... des abends dann marterte eine ungeheure Sehnsucht mein Herz... ein nie gekannter Schmerz erwachte in mir... eine Kraft, größer als das Leben, die heißer brennt als die heißeste Sonne, die dunkler ist als die dunkelste Nacht...

Die Jungen stellen sich, einer nach dem anderen, hinter dem Seemann auf. Nummer Eins hält eine Säge in der Hand, Nummer Zwei einen Hammer, Noboru die Mütze des Seemanns, Nummer Vier ein Seil, das er um beide Hände gewickelt hat und leicht von sich streckt, und Nummer Fünf ein Messer.

Noboru: (für sich) Ich habe seine Mütze ... ich werde die Mütze behalten ... warum ist er nicht von einem Sturm zerrissen worden, untergegangen mit seinem verdammten Schiff ... ein Sturm sollte kommen... ein Hurrikan, die Springflut, daß er untergeht mit seinem verdammten Schiff ... warum ist er nicht auf den Grund des Meeres gesackt, auf einen Grund, der dunkler ist als die dunkelste Nacht.

Anführer: (für sich) Er war nichts als ein Schatten, der das Land gestreift hat, weil eine Wolke den Rand der Sonne berührt ... das Licht ... der Glanz des offenen Meeres wird ihn verwandeln, auflösen in ein Nichts, das größer ist ... als alles, was existiert ... das heller leuchtet als der hellste Stern ... das dunkler ist als die dunkelste Nacht.

Nummer Zwei: (für sich) Ein Luftgewehr ... es ist lächerlich... ich brauche kein Luftgewehr ... ich werde meinen Vater niemals wieder um etwas bitten ...nicht einmal in Gedanken ... nicht einmal um ein Glas Wasser ... es ist lächerlich ... ich brauche niemand und nichts ... ich gehe allein ... mit leeren Händen und geschlossenen Augen durch mein Leben wie über einen Abgrund, der dunkler ist als die dunkelste Nacht.

Nummer Vier: (für sich) Ich habe keine Angst ... Angst? Ich fürchte gar nichts ... ist nicht das Blut genauso schön wie die Haut ... wer sagt, daß unsere Eingeweide häßlich sind ... die Lungen ... das Herz ... ich habe keine Angst ... die Angst ist das Gift, das sie uns jeden Tag in unser Essen mischen ... ein schwarzes Gift ... ein schweres, widerwärtiges Gift ... ein Gift, das dunkler ist als die dunkelste Nacht.

Nummer Fünf: (für sich) Wir müssen es tun, es muß sein, wir alle zusammen, gemeinsam ... ich habe ein Messer ... wir haben es auch mit der Katze getan ... der Seemann Tsukazaki ist müde, er ist schwach ... schon weht ein kalter, dunkler Wind ... ein Wind, der dunkler ist als die dunkelste Nacht.

Die Jungen verstummen, auch die Stimme des Seemanns bricht. Sein Kopf sinkt ihm auf die Brust, als schlafe er ein. Die Jungen erstarren mit erhobenen, stich- und schlagbereiten Händen.